너는 내가 찾는 사람이 아니어서

강현덕 시집

시인동네 시인선 176 강현덕 시집

너는 내가 찾는 사람이 아니어서

시인동네

시인의 말

너는 내가 찾는 사람이 아니어서

아무리 해도 비파형 동검이나 불탄 책들을 필사해야 했던 중세의
수도사처럼은 사유할 수가 없었다.

그리하여 나의 사유는 외로움의 깊이만큼 더 오롯해졌다.

2022년 6월
강현덕

차례

시인의 말

제1부

거울 속 거울 · 13

강을 거슬러 가는 배 · 14

마음 하나 얻기 위해 봄을 다 보냈다 · 15

내가 그리워하는 사람 · 16

고요한 나뭇가지 위에 뜬 달 · 18

기린의 시간 · 19

달무리 · 20

우울한 숨바꼭질 · 21

멍하니 바라보네 · 22

반 컵의 물 · 24

심금(心琴) · 25

소호 동동다리 · 26

분홍의 내력 · 28

절반이 지났네 · 29

정방폭포 · 30

사랑 · 32

제2부

우화 · 35

서촌 · 36

헛 · 37

경외 · 38

운문사 · 39

금관가야 · 40

시간이 묻혀 있는 해변 · 42

북향 묘지 · 43

산골 버드나무 · 44

영미의 어머니 · 46

석림동 · 47

임진강의 달 · 48

새길 · 50

오후 세 시 · 51

안면도 · 52

유달산 유달산 · 54

첫사랑 · 56

제3부

달의 뒷면 · 59

집배원 오기수 씨 · 60

섬사람 · 62

그해 여름 · 63

눈물이 눈물을 · 64

소프라노 · 66

늙은 기타리스트 · 67

새들도 77번 국도를 따라 난다 · 68

낙타 · 70

밤에 사는 참외 · 71

어느 돌 벅수를 위한 연가 · 72

불면 · 74

파계사 북소리 · 75

긴 의자에 앉아 있다 · 76

창경궁 선인문 앞 회화나무 · 77

지금 · 78

오빠 걱정 · 79

파주 · 80

제4부

깃들이다 · 83

사막의 사자 · 84

독가촌 · 85

내 시계는 어디에도 쓰이지 못하고 · 86

백 원으로 희망을 샀어요 · 88

편경 · 89

돌아온 탕자처럼 · 90

굿바이 · 91

밤눈과 고라니 · 92

불 꺼진 창밖의 고양이 · 93

춤추는 여자와 색소폰 부는 남자 · 94

폭우 · 96

한산도 · 97

꽃지 해변 · 98

배웅 · 99

이팝나무 · 100

해설 절제된 초월과 비애 그리고 고독한 실존 · 101
  진순애(문학평론가)

제1부

거울 속 거울

폐쇄된 채석장에 내가 잘려 있네
울음이 함께 남아 고요에 물려 있네
수직의 암벽 아래에 그런 내가 모여 있네

안개에 떠넘겼던 모든 부끄럼과
순정이라 믿었으나 무용했던 노래와
한 번도 닿은 적 없는 언젠가라는 말들이

일시에 붙들려 와 이 감옥에 갇혔네
울음은 마땅한 것 슬퍼서가 아니네
어깨가 들먹거릴 때 어루만질 돌 같은 것

채석장 하늘에는 수십 개 달이 떴네
달빛에 눌려 있는 영혼의 껍데기들
적당한 간격에 맞춰 일시에 나를 보네

강을 거슬러 가는 배

강을 거슬러 갈 배 한 척만 있다면
연어 떼 곁을 얻어 상류로 갈 거야
그 옛날 나 태어났던
물속 바위 찾으려고

폭포도 소용돌이도 오만을 거둬주겠지
미처 낳지 못한 아이들을 낳으러 가니
윤슬의 끝없는 축복
나는 목이 멜 거야

저 강을 거슬러 갈 배 한 척만 있다면
힘찬 지느러미 배 한 척만 있다면
찬란한 산란을 위해
나 부서지러 갈 거야

마음 하나 얻기 위해 봄을 다 보냈다

조바심에 몸이 달아 봄을 다 보냈다
그대가 건넨 씨앗 뒤란에 묻어두고

꽉 다문 작은 입술아
좀체 열리지 않는 마음아

내가 그리워하는 사람

밥 대신 남 눈물 먹는
어쩐지 시답잖은

눈물이 생선가시처럼
목에 걸린다면서도

툭하면
찾아 먹는 그늘처럼
기꺼이 삼키는

그러다 돌아서서
제 눈물은 남 주는

짠맛 절여진 혀에
소금이 돋아나서

그 소금
한 됫박씩 퍼주는

참으로 싱거운

제 가난 제 외로움으론
눈물 흘리지 않는

속 비어 거죽으로 사는
시냇가 버들처럼

실속도
잇속도 없이
그저 머리만 끄덕이는

고요한 나뭇가지 위에 뜬 달

사적인 슬픔이어서 울지 않았는데

남몰래 밤하늘 뭉개진 별만 봤는데

고요한 나뭇가지 위 하얀 달이 떠 있다

이길 수 없는 그것을 나무도 안 걸까

잎 하나 흔들지 않는 오롯한 저 위로

주르륵 흘러넘칠 것 같은 나무와 나의 마음

기린의 시간

기린의 두 뿔 사이 새 한 마리 스친다
성대를 앗긴 목이 그 새를 좇는다
긴 혀에 감기는 바람
보라로 물든 시간

건너편 나무 꼭대기 그 새가 앉는다
두 뿔 사이 살다 간 당신이 바라본다
아니야, 말 한번 못하던
울음에도 소리가 없던

달무리

하늘에 우물 하나 은빛으로 파인 밤

제가 판 줄도 모르고 달이 첨벙 들어가

넘치는 젖빛 물속에서 부풀고 있는 밤

돌확에 고인 물이 괘종시계 소리에 놀라

덩달아 동심원으로 번지며 오르는 밤

구름도 거기에 감겨 흘러가지 못하는 밤

우울한 숨바꼭질

담장 밖 덤불 속에 누가 웅크려 있다

가시에 그의 옷이 반쯤 넘어가 있고

그믐의 불안한 밤이 나머지를 가졌다

꼭꼭 숨으란 말은 너를 버리겠다는 말

일순간 펼쳐질 빈 들을 주겠다는 말

그믐에 숨어 있는 달이 소리도 없이 외친다

멍하니 바라보네

가는 길 반대쪽으로 화살표 찍는 물새를

교란을 노리며 위장한 발자국을

그마저 모래에 감추는 그 고운 술책을

가는 길 모르게 뒤를 지우는 날개를

하늘에 올라도 기록하지 않음을

휘저어 저를 터는 겸허를

멍하니 바라보네

진흙길 모퉁이마다 찍힌 바퀴자국을

질척대며 살아온 옹색한 나의 흔적을

천 개의 내 얼룩들을

더 많은 내 오욕들을

반 컵의 물

반 컵의 물이 있다
그대가 마시다 둔

조금씩 흔들린다
근심과 기대가

내게도
남아 있는 날들과
지나온 날들이 있다

심금(心琴)

언제부터 마음아, 숲을 가졌더냐
소나무 오동나무에 명주실 걸어놓고
바람의 긴 목덜미도 부풀려 두었더냐

깊은 강물처럼 흐르기로 했더냐
네게서 전해오는 눈물을 좇아서
마을로 저 착한 마을로 나도 자꾸만 간다

거문고자리 별들도 술대를 쥐려나 보다
너도 네 음역을 흠뻑 넘나들려무나
마음아,
울어보려무나
온전히 울어보자꾸나

소호 동동다리

여수 밤바다에 길이 나 있더군요

높이 켠 등불* 같은 달도 나 있더군요

주르륵 한 줄기 빛을 거기에 흘리더군요

아으, 동동다리* 춤이 나오더군요

아으, 동동다리 노래도 나오더군요

내게서 걸어 나갔던 그도 거기 나오더군요

휙, 하고 돌아보던 여전히 붉은 얼굴

바다가 놀라며 그를 감추더군요

길 끝은 더듬거리며 자꾸 구부러지더군요

암만해도 그가 낸 길인 것 같더군요

나보고 가보란 건지 내게로 보내겠단 건지

달빛이 또 한 번 출렁하더니 그를 슬쩍 흘리더군요

---

*고려 속요 〈동동〉에서 차용.

분홍의 내력

눈꽃이 매화를 본다

매화가 눈꽃을 본다

가지에 함께 앉은 꽃

팽팽하고 위태하다

너하고 나만큼이나

나하고 나만큼이나

절반이 지났네

절반이 지났네 또 이리 지나버렸네
칠월 첫날 거울이 뱉은 주름 속 나의 말
벽과 벽 넓었던 사이 이제 팔 벌리면 닿을 듯

절반이 넘으면 왈카닥 넘어가던데
연했던 수국 그늘도 홀연히 어둑해지고
네게로 기울다 건너간 내 마음도 그렇던데

정방폭포

비 오는 숲
헤매다
뇌성에
몸서리치다
어둠에
눈 잃다
얼음에
결박당하다
북두를
던져버리다
신들을
부정하다
모래에
잠시 눕다
윤슬로
토닥이다
떡갈잎
배 띄우다

바람에
속 내놓다
마침내
그대에 닿아
수직의 눈물
쏟네

사랑

이 호수도 예전엔 조그만 웅덩이였으리

어쩌다 발을 헛디뎌 주저앉는 바람에

몇 차례 빗물 고이고 나뭇잎 떠다녔으리

이 호수도 나처럼 후회하고 있으리

어쩌다 널 헛디뎌 여기 빠져 있는지

조그만 웅덩이였을 때 흙 몇 줌 다져줄 것을

제2부

우화

고대의 바람 같은 게 잠깐 지났는데
복숭아가 나무에서 후두둑 떨어진다
먼 나라 어떤 섬에는
복숭아 비도 내린다지

아주 작은 코끼리도 그곳에 산다는데
홍수 땐 복숭아를 배처럼 탄다는데
그 배로 큰 바다 건너
착한 별로 간다던데

어쩔한 복숭아 향 비처럼 쏟아진다
먼 나라 먼 섬이 내 적막에 와 닿는지
점점이 코끼리 발자국
내 별도 뜨려나 보다

서촌

송강과 이상과 노천명, 윤동주가
추사와 이상범과, 이중섭, 박노수가
오늘은 겸재를 찾아 인왕산에 가더라

늙어도 삭지 않은 골목 홀연히 빠져나가
수성동 골짝에서 돌다리 건너더라
거뭇한 옛사람답게 그림자가 짙더라

미당과 김달진과 김동리, 오장환은
보안여관 드나들며 새 부락을 만들더라
통의동 관록의 달이 창으로 지켜보더라

이장처럼 완장을 차고 집집마다 살핀 후
외등을 타고 올라간 나팔꽃을 깨우더라
첫새벽 나팔을 불어 내게 알리라 하더라

헛

말 많은 임금도
법령 많은 법전도

기능 많은 가전도
메뉴 많은 밥집도

주석이 너무 많아서
읽을 수 없는 당신도

경외

직립의 소나무로 섬을 가득 채웠다
궁궐로 살았던 드높은 생애 있어
존귀의 붉었던 시간 하늘까지 올렸다

어둠의 이날을 결단코 잊지 말아라
베이고 묶여서 징용 가던 그 아침
뿌리에 당부한 말은 경전이 되었다

피가 다 뽑혔어도 비틀림 하나 없다
찔리고 후벼 파여 수렁 같은 몸뚱이
꽃지가 놀을 피우며 저녁 경배 드리고 있다

---

*안면도 소나무는 곧고 단단하여 고려시대부터 선박을 제조하고 궁궐을 짓는 데 쓰였다. 이 고귀한 나무들을 일본은 과거 강점 시절 그들의 탄광과 전쟁에서 쓰기 위해 엄청나게 베어갔고 칼로 후벼 팠다. 아직도 안면도 곳곳의 소나무에 송진을 채취했던 고통의 흔적이 남아 있다.

운문사

흰 구름이 걷힌다

새벽 예불 시간

처져 있는 소나무

그쪽으로 더 처진다

법고가

달처럼 퍼져

산도 벌써 법당에 있다

금관가야

이 금관

드높다

하늘의 것이어서

태양의 머리 위에 얹혔던 거룩한 땅

낙동강 펄떡이는 심장이

또 증언을 하고 있다

이천 년 전 노래가 이 밤에도 들린다

붉은 보자기에 싸인 금빛의 계시도

그 끈이 너무나 길어

아득하다

이 금관

시간이 묻혀 있는 해변

모래성 쌓다가 시계 하나 주웠다
지하로 내려가는 계단 중간쯤일까
깊이에 더듬거리는
더 높고 더 넓은 성

태엽만 붙어 있는 성주의 녹슨 광영
유리는 모래로 되돌아가 버렸고
바늘도 파도에 굴복해
일찌감치 떠났으리

긴 복도 비단 옷자락 날마다 펄럭이고
벽마다 반짝이는 것 밤낮 눈부셨을
그 성은 이젠 모래성
무너진 시간의 무덤

북향 묘지

북향의 적군 묘지에 여름비 내린다

그대들도 그 전엔 푸른 청년이었을 터
총보다 별빛을 먼저 어깨에 걸었을 터

전두엽에 박힌 맹목 총구가 품은 적의
선동에 휩쓸렸던 그 외침만 아니었으면
채찍에 내달리고 만 그 새벽만 아니었으면

그대들 고향에 고한 이른 작별은 없었을 터
이리 줄지어 누워 가슴 뜯지도 않았을 터

북향의 적군 묘지에 피 같은 비 내린다

산골 버드나무

산골

버드나무는

울음 밑 긴

계집애 같아

밤새

훌쩍이며

머리를

흔들어댄다

그러면

봄비가 덩달아 울고

산수유도

나와 본다

영미의 어머니

감씨를 심었는데 고욤이 열렸다
신의 높은 생각이 궁금했던 그날 아침
하늘엔 잘 부푼 구름이 소명처럼 떠 있었다

감나무 가지를 잘라낸 아저씨는
친친 말없는 끈을 고욤나무에 잇대셨다
모든 것 다 버린 뿌리는 땅을 힘껏 움켜쥐었다

마침내 고욤나무에 감들이 열렸다
선홍의 단과에 지어진 신들의 집

영미의 의붓어머니 고아한 품도 그랬다

석림동

할머니 세 분이 거기 앉고 누우셨다
벗어둔 털신마다 햇살이 소복하다
등 뒤엔 볕에 바랜 시화 한 점
'남으로 창을 내겠소'

유리벽 바깥으로 사람들이 나가 서 있다
그늘을 만들까 봐 버스도 비껴 선다
이전한 석림동 노인회관
정남향 버스정류장

임진강의 달

하늘은 높은 망대
달이 망을 보고 있다

강을 가로지르는 철책
잘 뚫고 흐르라고

제 몸의
모든 빛들을 쏘아
뒤를 봐주고 있다

강가의 풀들은
그 빛에 창을 벼리고

바람만 불어도
버번쩍, 끝을 세운다

먼 북쪽
두류산부터

강화까지가 그의 구역

쫓기는 독립투사에게
비밀 문을 알려주듯

단단한 눈빛만
서로 주고 또 받는 밤

저 달의
심장 소리로
지금 내가 터질 것 같다

새길

바다에 새길이 났다

새들과 물고기 사이

이 땅과 저 땅 사이

이 사람과 저 사람 사이

먼저 간 너와 나 사이

나중에 올 너와 나 사이

---

*태안 안면도와 보령 대천 사이 반은 연륙교, 반은 해저터널인 새로운 길이 생김.

오후 세 시

이끼 낀 돌문을 이제 열고 나선다
동굴에서 함께 싸워준 나의 너, 그림자와
태양은 오후 세 시를 막 지나고 있는 중

밝아서 잠시 어두운 공터 같은 세상에
둘이서 몸 기대고 간신히 발맞춘다
공룡을 또 만나겠지만 울지는 않겠다

다행히 오후 세 시 아직은 태양 아래
발에 걸린 햇살을 돌돌 말아 쥐다가
네 손이 내 손을 잡고 구두 굽부터 갈자 한다

안면도

솔숲에 둘러싸여
집들이 모여 산다
집들은 모두 낮다
납작납작 겸손하다
그래서 하늘이 넓다
해도 늘 오달지다

서쪽 바다 물이 들어
솔숲도 바다 같다
때로는 일렁일렁
파도도 만드는데
그런 날 부엌 바닥엔
칠게 농게 가득하다

붉은 바닷가로
더 붉은 저녁이 오면
사람의 고깃배도
흰 돛을 내린다

집들은 연기를 피워
달 하나를 올리고

유달산 유달산

저 산은 그때부터
햇살 몰래 쟁여놓고
곰솔들 숨겨 키우며
시퍼런 날 갈았으리
눈물은 바다에 담고
울분은 노을에 섞고

찬 굴뚝에 기대던
얼굴 노란 아이들
뺏긴 들에 주저앉아
하늘 보던 아비들
기어이 북쪽 땅으로 보내며
가슴 쥐어 뜯었으리

온몸을 파고드는
쇠말뚝 견뎌내며
잘려 나간 노적봉에
칼날 더 벼렸으리

밤마다 동양척식주식회사
베고 또 베었으리

문신처럼 남아 있는
흉터 매만지다
잘 자라준 곰솔들
어깨를 끌어안는
유달산 저 유달산을
나는 차마 볼 수가 없다

첫사랑

그녀가 불현듯 언덕을 내려왔다

순식간 부풀어 오른 꽃무늬 블라우스

두 팔로 받을 뻔했다

심장으로 떨어졌다

제3부

달의 뒷면

오른쪽 어깨가 자꾸 기우는 김정기 씨
외발 수레 밀면서 언덕을 오르다가
콩밭 옆 그의 묏자리에 앉아 잡초 몇을 뽑는다

기울다 그 자리 들면 안 보일 김정기 씨
어제는 콩밭 매다 거기 눕는 걸 보았다

토끼는 달의 뒷면에 우리 아버지도 숨겼다

집배원 오기수 씨

그가 발견됐다 일주일 만이었다
눈보라 칼날에 심장이 베인 채로
바닷가 거친 지름길
깊은 벼랑 아래서

눈에 묻힌 외딴 집 단 한 통의 '농민신문'
이 때문에 이 길을…… 내일에나 가세요
아직도 여덟 통 있어요
오늘 안에 배달해야죠

행낭을 툭툭 치며 흰 눈썹이 웃었다
끌고 나선 자전거가 그때 벌써 휘청했다
들길은 새하얀 밤중
새 한 마리 없었다

첫사랑 밤편지가 후회되는 안면우체국 옆
날 위해 내달았을 눈보라 길 그를 본다
햇살도 못내 미안해

비석 자리를 쓴다

---

*1980년 악천후를 무릅쓰고 우체국에서 10km 떨어진 마을까지 우편물을 배달하다가 폭설 속에서 집배원 오기수 씨는 순직하였다. 만국우편연합은 그의 숭고한 사명감을 높이 기려 세계 160개국에 이를 알렸다. 그의 추모비는 지식경제부 공무원교육원으로 옮겨졌고 현재는 '고 오기수 집배원 순직터 비'라는 이름으로 안면우체국 옆에 구조물을 세워놓았다.

섬사람

내 본적은 먼 섬마을 나는 섬의 며느리
잡어 몇 마리 방세로 받던 허울 좋은 임대인
태풍에 덩달아 넋을 놓던 가난한 섬사람

원래도 섬사람 은하 바다 지구 섬 주민
아무리 몸을 바꿔도 23.5로 기울어진 삶
궤도를 이탈하지 않으려 안간힘 쓰던 사람

지금 다시 섬사람 공포를 띠로 두른
섬 밖은 붉은 눈물 쿨럭이는 사람들
세상은 난파된 채로 코로나에 휘청이고

그해 여름

다홍색 셔츠를 입은 고모가 울며 뛰었다
펄럭이던 셔츠가 점점 더 붉어졌다
공터가 부풀어 올라 남자를 들어올렸다

처녀인 고모가 왈칵, 부둥켜안았다
표정 없는 낮달이 증인처럼 서 있었다
다급한 앰뷸런스가 소나기처럼 왔다 갔다

고모는 날마다 산으로 올라갔다
재색의 긴 바지가 풀물로 얼룩졌다
손에는 배롱나무 꽃 너무 긴 여름이었다

눈물이 눈물을

눈물이 나오지 않아
나는 눈물을 산다

썰물로 빠진 후
서걱이는 모래해변

캡슐 속
하냥 맑은 것들
그렁그렁 넘어오게

주르륵 들어가다
내 뺨에도 흐르게

뜨거운 안의 것들
차례로 호명하여

그것들
붉은 목소리

쩌렁쩌렁 울리게

가슴 없는 세상을
하직한 작은 새여

서글픈 밤의 소리
더는 외면 않겠다

눈물이
눈물을 부르게
나는 눈물을 산다

소프라노

음표를 든 그녀가 두 손을 모았다
그것은 그녀의 지시 청중이 숨을 죽였다
독재자 그녀의 명령 피아노가 움직였다

태초의 바람을 폐 가득 채운 채였다
원시의 새들을 입 가득 담은 채였다

노래는 입이 열리기도 전 완벽히 불리어졌다

늙은 기타리스트

고개를 푹 떨군 채 기타를 부둥켜안은
야위고 긴 손가락 늙은 기타리스트
간신히 찾아낸 음에서 푸른 물이 번진다

궁전 기둥에 기대 알람브라를 연주할 때
그녀를 떨게 했던 애잔한 트레몰로
이제는 아무리 튕겨 봐도 푸른 물만 번진다

어둠의 잔기침 소리 긴 밤이 오고 있다
쫓아낼 등잔이 없어 푸른 물은 더 번진다
기타가 그를 껴안는다 밤이 먼저 덮기 전에

---

*늙은 기타리스트: 피카소의 그림.

새들도 77번 국도를 따라 난다

77번 국도를 달려
나는 늘 집으로 온다

창원에서 부산으로
안산으로 서울로

막 옮긴 안면도 누옥도
이 길 위에 있으니

공단과 해안과
빌딩숲과 소나무 섬

자라고 결혼하고
아이 낳고 시인 되고

이어진 이 길 위에서
내 생도 이어졌다

길만이 길이다
이르시던 아버지가

궤도 끝자락서
아직도 보시는지

저 새도 창공을 버리고
이 길 위를 날고 있다

낙타

그가 사는 곳은 사막 한가운데
황량한 시간들이 모래로 쌓이는 땅
무심한 바람의 손만 온종일 오가는 땅

그의 반려자는 입이 없는 그림자
마른 몸 서로 비비며 태양을 건너지
침묵은 그 고장의 언어
가장 뜨거운 기도문

등짐 같은 수레엔 무거운 어둠만이
오늘도 한 그릇 밥은 거기 실리지 않았네
갈퀴진 등을 파먹고 또 밤을 접어야 하리

갑자기 무릎이 꺾여 모래에 묻히는 날
어쩌면 그날이 오늘일지도 모르겠네
바람은 더 분주해지고
사막은 더 깊어지니

밤에 사는 참외

아직도 트럭에는 반쯤 남은 참외 상자
노란 더미에 둘러싸여 여자는 자고 있다
등 뒤에 노란 가로등 그 위엔 또 노란 달

긴 밤이 될 것 같아 그 앞에 멈춰 서니
한 봉지 오천 원요, 남자가 속삭인다
여자가 잠 속에서 웃는다 참외 단내가 난다

어두운 책상 위에 참외를 켜둬야겠다
가장 밝은 언어들로 온밤 시를 쓰면
여전히 노란 가로등 그 위엔 또 노란 달

어느 돌 벅수*를 위한 연가

여수에
옛 선소에
고목 두른 이 굴강*에
돌로 태어나서
돌로 굳어진 몸
서 있네,
오백 년을 살아
돌보다 더 단단한 돌

연 사흘
세찬 비
부릅뜬 퉁방울눈
손발 녹는다 해도
천 년 더 내뿜을 결의
저 화살
모두 부러뜨리네,
꽉 다문 입으로

작은 배
하나도
그날의 거북선
우직한 돛을 흔드는
용두의 팽팽한 노기
아직도
임진년을 사는 듯
듣고 있네, 장군의 호령

---

*돌로 만든 장승.
*배를 만들거나 접안과 수리 등을 하는 곳으로, 여수 선소 굴강은 이순신 장군이 거북선을 건조한 곳이라고 전해진다.

불면

―무궁화 꽃이 피었습니다
기어이 보게 하네

열한 시 오십구 분을
열두 시로 바꾸는

음흉한 야바위꾼의
재빠른 손놀림을

집요한 이 술래
눈뜨고 도둑맞네

안 봐도 내 것이었던
내 것인, 내 것이 될

어제와 오늘과 내일의
내 시간을
또 나를

파계사 북소리

파계사 용마루에
스미는 저 북소리

단 한 장 청기와 위
손 모으는 저녁 새

석등을 휘돌던 바람
일순간 고개 숙이고

원통전 문 열려서
성큼 내려선 관음

어느덧 달이 올라
뜰을 채운 삼베 향

존귀의 청사상의(青沙上衣)*도
뛰는 가슴에 손 올리다

---

*청사상의: 삼베를 둘러 만든 파계사 관음불상에 복장된 영조의 도포.

긴 의자에 앉아 있다

숨어버린 겨울 해 툭툭 끊긴 길과 길
구름이 제 몸을 쪼개 눈발로 날린다
말 잃어 입까지 잃은 퀭한 사람들의 도시

오기로 한 너의 손과 잡기로 한 나의 손
두툼한 바람벽에 막히고 밀린 나날
내몰린 나무들처럼 이제 서로 닿지 않아

오늘도 붉은 심장 길 끝자락 우체국
그리운 그것들이 이제 곧 올 것 같아
팬데믹 그 긴 의자에 오래도록 앉아 있다

창경궁 선인문 앞 회화나무

비명을 너무 들었다

피보다 붉은 절규

사도에 갇힌 뒤주

저 문을 나간 이후

천 갈래

몸이 찢어져

심장 없이 살고 있다

지금

얼룩말을 그리는데
그려지지 않는다
해 조각 어둠 가루 달 비늘 떨어져
얼룩에
또 얼룩지고
지금은 아까가 되어

당신이 그립지만
떠오르지 않는다
봄 햇살 짙은 여름비 가을바람 스치어
내 손에
잡히지 않는 그대
잡히지 않는 지금

오빠 걱정

오빠는 산에 놓고 온 양들이 걱정이었다
양들은 서로서로 업었다가 업혔다가
밟았던 풀들을 뜯고 또 뜯고 있었을 텐데

나는 아침 일찍 나선 오빠가 걱정이었다
양들을 다독이느라 또 지각하고 말았을
흰 털을 새 교복에 묻히고 산길을 뛰어 내려올

온종일 교과서엔 양들의 울음소리
빗방울 들을라치면 수업 중 교실을 나갈
이제 막 중학생이 된 오빠가 걱정이었다

좁고도 긴 골목이 양떼로 왁자해지면
나는 뛰어나가 책가방을 받아들었다
구름도 불안을 내려놓듯 그제야 몸을 풀었다

파주

여기, 여기까지다

모두가 내려야 한다

그리움의 종착지

그리움의 출발지

두 발은 되돌아가고

눈물만 남는 곳

제4부

깃들이다

내가 더 강하고 더 오래 살 것이라
내 강아지 밍끼 밥을 챙긴다 생각했다

큰 것이 작은 것을 품어
깃들이게 한다고

그런데 딱따구리가 나무에 입 맞추지 않고
눈 맑은 정어리 떼가 물살 헤집지 않으면

저 숲이 또 저 바다가
숲이고 바다겠느냐

내게 목숨을 건 어항 속 금붕어야
닭장서 갓 태어나 눈 못 뜬 병아리들아

큰 것이 작은 것에 안겨
깃들이는 것이란 말이냐

사막의 사자*

나는 꿈을 수집하는 사자라고 해둘게

초원을 오래 걸어 당도한 원시의 사막

지금은 만돌린을 타던 집시가 잠들었군

꿈이라면 집시의 것이 가장 순결하지

세상을 떠돌다 만난 날것만 가졌으니

바람이 물 항아리를 엎기 전 재빨리 채취해야지

포효는 내 게 아니니 달은 떨지 말기를

몽환을 담당하는 밤의 정령에 의해

발톱도 거친 이빨도 진즉에 다 뭉개졌으니

---

*앙리 루소의 〈잠자는 집시〉에 있는 사자.

독가촌

새 물을 채워둔다
고라니가 핥을 물
돌확을 돌아서는 숨소리도 살핀다
깊은 밤 작은 짐승들 발소리에 안심한다

산 밑에 산다는 건
식구가 많다는 것
콩잎도 고구마순도 반 넘게 내주었다
담장은 고치지 않고 대문은 달지 않았다

내 시계는 어디에도 쓰이지 못하고
― 윤봉길

―때마침 7시를 치는 종소리가 들려왔다. 윤군은 자기 시계를 꺼내 내 시계와 교환하자고 하였다. "제 시계는 어제 선서식이 끝난 후 선생님의 말씀에 따라 6원을 주고 구입한 것인데, 선생님 시계는 불과 2원짜리입니다. 저는 이제 1시간밖에 더 소용없습니다." 나는 목메인 목소리로 마지막 작별의 말을 건네었다. "후일 지하에서 만납시다."
―〈백범일지〉 중

어두운 뒤꼍에서 매화 저 혼자 진다
붉어서 짧은 생애 재촉하는 밤의 별리
향기는 거두지 못해 남겨두고 가나 보다

절명사를 목에 건 매헌이란 사내도
암흑 속 불꽃으로 맹렬히 폈다 졌는데
한 시간 남은 시계로 천 년 향 피웠는데

아직도 내 시계는 어디도 쓰이지 못하고

피 있고 뼈 있어도 뒷걸음치는 겁쟁이
비루한 몸을 숨기고 지는 꽃만 훔쳐보는

백 원으로 희망을 샀어요

길을 잃었는데 해조차 저물었어요
냉정한 도시는 경계하듯 외면하고
악수를 모르는 나무들만 건성으로 날 봤죠

그때 나에게는 등불도 없었어요
낙원에서 쫓겨난 후 보는 법을 잊었거든요
분수가 호객꾼처럼 날 부르기 전에는요

좋은 물건 있는데 어디 한번 보실 텐가
솟다가 부서지고 또 솟는 물기둥 아래
은색의 빛나는 조형물 HOPE가 있었죠

그 위에 무수히 얹힌 희고 노란 간절함
서둘러 동전을 꺼내 나도 거기 던졌어요
희망을 백 원으로 산 거죠 분수가 힘찼어요

편경

완강한 노래들만 여기에 바쳐졌다

단단한 돌의 심장 두 손엔 옥색의 피

등뼈를 꺾어서 내는 또렷한 정음들만

각퇴를 만나기도 전 정전 기둥은 울었다

한 번도 그 중심을 잃은 적 없었기에

종묘는 더 깊어져갔다 고아한 조선의 악(樂)

돌아온 탕자처럼

한밤중 바람이 분다
누가 오고 있다
달빛을 등져서 어두운 얼굴 하나
오래전 나를 떠났던 내가 오고 있는가

가랑잎이 쏠렸다
기도가 간절했다
한 일도 안 한 일도 아프다 뼈아프다며
골짜기 그 깊은 곳으로 울러 갔던 내가 온다

돌아온 탕자처럼
나를 안아주리라
한 일에 안 한 일에 일일이 입 맞추며
찢기고 짓물린 발 닦아 내게 다시 들이리라

굿바이

당신을 안기엔 이 바다가 좋았어요
장엄한 스크린과 웅장한 스피커
전 생을 배에서 산 남자도 여기서 만났죠
숨죽인 마른 팔에서 기다리던 지휘봉
마침내 흘러나온 가브리엘의 오보에
폭포로 떨어지는 바다에 나는 늘 젖고 말았죠

오늘밤 부고장 하나 하늘에 돋았어요
그런데 당신이군요 엔니오 모리꼬네
화들짝 바다가 먼저 놀라 뒷걸음을 칩니다
당신도 시네마도 천국으로 가는가요
하늘엔 수만 개의 당신이 빛납니다
바다는 엔딩 크레딧 곡을 끝없이 트는군요

밤눈과 고라니

―눈이 너무 쌓였어
밤새들이 야단이다

허기로 접힌 산
겨울은 미안하다

밤 내내 밝힐 게 없는
외등도 무안하다

두툼한 밭둑에 쓴
고라니의 짧은 문장

달무리에 갇힌 달이
안쓰럽게 읽는다

밤눈만 천둥벌거숭이
제 깃털을 또 턴다

불 꺼진 창밖의 고양이

꼬리를 묶어봤자
밤 되면 또 달아날 테지

내게 올 때처럼
훌쩍 담을 넘을 테지

매끄런 등을 감추며
그림자까지 거둘 테지

동그란 울음이
돌처럼 남아 있어

탐욕에 눈먼 나는
밤마다 파보겠지

내 것이 아니었던 것에
내 절반을 넘겨주겠지

춤추는 여자와 색소폰 부는 남자

강 둔치 어디쯤서 별안간 나온대

춤추는 여자와 색소폰 부는 남자

소문은 이 두 사람이 서로를 모른대

신발을 버려두고 넥타이를 던지고

오롯이 맨몸으로 강가로 나온대

그러면 한강의 다리들은 일제히 불을 켜준대

눈들이 홀리고 귀들이 녹아내리고

풀들이 물에서 돋고 꽃들이 별에서 웃고

강물을 지칠 배들은 우리 안에서 뜬대

강 둔치 어디쯤서 밤새 이어진대

춤추는 여자와 색소폰 부는 남자

소문은 이 두 사람이 나하고 당신이래

폭우

내 손톱과 독한 혀
흉악한 발길질이

불순한 핏줄들과
조절을 잃은 분(忿)이

수만 개 화살에 꽂혀
물 무덤에 묻히네

한산도

한산도 달빛을 켜 임진년 그날들 본다
당긴 활줄처럼 사위는 팽팽하고
수천의 표창으로 뜬 별들은 삼엄하다

어지런 물살에도 운주당은 꿈쩍 않고
병사들의 다급한 발 밤을 울리고 있다
바람도 칼날을 갈고 대열을 정비한다

칼집을 벗어날 시간 언제여도 좋으리
산도 물도 함께 붉을 그날을 바라며
서늘한 장검* 두 자루 장군의 맹세 또 듣는다

---

*각각 삼척서천(三尺誓天) 산하동색(山河動色), 일휘소탕(一揮掃蕩) 혈염산하(血染山河)라는 글귀가 새겨진 이순신의 보검들. 현재 아산 현충원에 보관되어 있다.

꽃지 해변

봄이 살다 간 곳 꽃들도 지고 있다
여기 서성이며 뒷자락을 읽는다
그들의 오래된 관습 그 발상을 결말을

지는 건 지는 게 아냐 익숙한 속삭임
단단한 안의 것 더 깊이 쏘아 올리려
겉몸에 축문을 쓰고 소지(燒紙)로 날리는 게지

저녁이 이리 붉은 건 꽃물 때문이었다
마지막 방울까지 뚝뚝 꽃 지는 해변
오래전 내게서 떠난 한 여자가 여기 있다

배웅
—무연고 영아 장례식

하늘색 배냇저고리
처음으로 입는 날

밖에는 하느님의 비
뚝뚝 흘러내린다

산길에 홀로 잠자다
하늘로 가는 별

이름 없는 위패와
영정 없는 액자를

흰 국화가 안아 올려
토닥, 토닥인다

탯줄도 떨어지지 않은
무연고 작은 별

이팝나무

아무래도 이 나무는 저 위에서 온 듯해
글라라 자매님이 하늘을 올려다본다
꽃잎이 밥솥 옆으로 밥처럼 내려온다고
하느님의 정원에서 뜸을 들였다가
마음 배도 부르라며 때맞춰 내려온다고

아홉 살 은지도 서 있는 무료급식소 긴 줄 옆

해설

절제된 초월과 비애 그리고 고독한 실존

진순애(문학평론가)

1. 절제된 비유

강현덕의 시는 시조의 정형미에 준하듯 절제된 비유가 빛난다. 주로 사물을 의인화한 비유로 상징적 담론 및 은유의 언어학으로 점철된 시적 행보가 그러하다. 사물의 의인화는 인간이 자연의 일부라는 근원적인 세계인식을 근간으로 하지만 거기에는 자연 숭상 의식 또한 내재되어 있다. 자연 숭상 의식은 애니미즘이나 토테미즘처럼 원시종교와 무관할 수 없을 것이나 그러면서도 그것은 경외의 자연 앞에 겸손한 인간의 자태를 은유한다. 자연을 경외의 대상으로 인지했던 원시인들의 금기문화처럼 첨단문명의 현대에서도 자연은 여전히 경외의 대상임을 강현덕 시조의 상징적 은유가 담지하고 있다.

강현덕의 시는 자연예찬뿐만 아니라 세속을 의인화하여 초월에 이르게 하는 절제의 특장 또한 지닌다. 세속의 현실을 형이상학의 비유로 감쌈으로써 자연계와 합일된 현실의 비애가 절제된 비애미로 승화하고 있는 것이다. 형이상학적이자 형이하학적일 수밖에 없는 인간은 초월의 지평과 현실의 지평을 왕래하면서 세속의 시간을 견지한다. 때문에 현대에 와서 상징계로 자리한 자연은 세속의 인간을 견인하는 매개로 작용하기에 이르렀다.

강현덕의 시는 비애의 인간 현실뿐만 아니라 고독한 인간의 실존태 또한 담보한다. 세계 내 존재로 기투된 인간은 근원적으로 고독할 수밖에 없듯이 강현덕은 현실의 비애와 고독한 실존의 이중주로 동시대성을 아우르고 있다. 그러면서도 초월의 지평이 비애의 현실과 고독한 실존태에 공히 작용하고 있어서 궁극적으로 그의 시조는 원형세계가 관통하고 있다.

2. 초월의 지평

새 물을 채워둔다
고라니가 핥을 물
돌확을 돌아서는 숨소리도 살핀다

깊은 밤 작은 짐승들 발소리에 안심한다

산 밑에 산다는 건
식구가 많다는 것
콩잎도 고구마순도 반 넘게 내주었다
담장은 고치지 않고 대문은 달지 않았다
―「독가촌」 전문

독가촌은 외딴집이다. 산 밑에 사는 외딴집은 산짐승들과 친구할 수 있으므로, "산 밑에 산다는 건/식구가 많다는 것"이라는 은유의 언술이 현대인의 황폐한 마음을 원형의 세계로 유인한다. 산짐승들은 어쩌다 만나는 친구를 넘어서 가족이라는 비유가 잃어버린 시간을 찾아가는 현대인의 행보를 돋우는 힘으로 작용한다. 때문에 콩을 심고 고구마를 심는 일은 산짐승들 몫까지 포함해야 하는 일이다. 허물어진 담장은 더 허물어지도록 방치할 일이며, 대문 또한 불필요하다는 경계 해제 인식이 문명계에 경종을 울린다.

독가촌에 사는 것은 밤의 소리를 듣는 일과 같다. 그것은 고라니가 물 마시는 소리를 살피는 일이며 물 마시고 돌아서는 고라니의 숨소리를 듣는 일이다. 작은 짐승들의 발소리조차 듣는 일인 것이다. 독가촌에 사는 것이 산속 짐승들의 거처에 인간이 둥지를 트는 일이라는 면에서 독가촌의 삶은 산 주인인 짐승들의 생활을 방해하는 일일 수도 있다. 산 주인들의 방해꾼이 아니라 산 주인들과 한 식구로 살기 위해서는 돌확에 새 물을 채워두고 콩도 고구마도 넉넉히 심어야 하는 일인 것이다. 탈속의 풍경이자 초월의 견지력인 독가촌의 시간이 문명의 시간에 침묵의 질타를 가하며 순수의 원형세계를 현재화한다. 자연의 빛이 문명의 이면을 반추하게 하면서 잃어버린 시공을 열어주고 있다.

산골

버드나무는

울음 밑 긴

계집애 같아

밤새

훌쩍이며

머리를

혼들어댄다

그러면

봄비가 덩달아 울고

산수유도

나와 본다
—「산골 버드나무」전문

　자연의 빛을 상징하는 산골 버드나무가 마침내 자연의 근원력을 상징하기에 이른다. 울음 밑 긴 계집애 같은 산골 버드나무가 봄비 맞아 밤새 훌쩍이고 바람 따라 머리를 흔들어대면, 봄비도 덩달아 울고 산수유도 나와 보는「산골 버드나무」는 봄이 오는 풍경에 대한 상징이다.「산골 버드나무」는 독가촌의 봄을 견인하면서 지구의 봄조차 견인하는 원형세계인 것이다.

　따라서 "산골//버드나무는//울음 밑 긴//계집애 같"다는 은유의 언어학이 빛나고 "밤새//훌쩍이며//머리를//흔들어댄다"는 의인화가 빛나는 것이다. "봄비가 덩달아 울고//산수유도//나와" 보는 초봄의 버드나무가 독가촌의 봄맞이로 그리고 원형의 세계로 인간을 유인한다. 산골에서 혹은 산골의 버드나무와 함께 세속의 시간은 초월에 들게 된다.

    흰 구름이 걷힌다

    새벽 예불 시간

    처져 있는 소나무

    그쪽으로 더 처진다

    법고가

    달처럼 퍼져

    산도 벌써 법당에 있다

―「운문사」전문

  새벽이 열리는 시간이면 운문사의, 그리고 산사의 예불 시간도 열린다. 반대로 산사의 예불 시간이면 흰 구름도 걷히고 새벽도 열린다. 예불 소리에 처져 있던 소나무도 그쪽으로 향하고 법고 소리조차 달처럼 퍼져 우주와 합창한다. 예불 소리로 그리고 법고 소리로 운문사의 소나무도, 산도, 법당도 우주와 합일한다. 탈속의 운문사가 있어서 강현덕의 초월적 절제미가 탄생거나 강현덕의 초월의 지평이 확장하면서 운문사에 이르거나, 어느 쪽이 우선이든 무관하게 운문사는 탈속의 법당에서 우주까지 초월하도록 세속의 인간을 유인하는 원형세계이다.

산사는 혹은 산사의 예불 시간은 원형의 시간으로, 소나무도 법당으로 유인하고 산조차 법당으로 유인하며 법고조차 달처럼 퍼져 우주를 열리게 하는 마법의 시간이다. 인간이 세속의 자아를 상실하도록 하여 인간을 우주의 보편세계에 들게 한다. 형이하학의 굴레를 벗고 혹은 망각하고 온전히 천상에 이르게 하는 산사의 예불 시간이 인간을 형이상학의 지평으로 그리고 만물이 우주와의 합일에 이르도록 작용한다. 산사의 예불 시간은 세속의 시간이 원형의 시간 속으로 고양되는 시간인 것이다.

3. 현실의 비애

아무래도 이 나무는 저 위에서 온 듯해
글라라 자매님이 하늘을 올려다본다
꽃잎이 밥솥 옆으로 밥처럼 내려온다고

하느님의 정원에서 뜸을 들였다가
마음 배도 부르라며 때맞춰 내려온다고

아홉 살 은지도 서 있는 무료급식소 긴 줄 옆
—「이팝나무」전문

 흰 쌀밥이 주렁주렁 꽃을 피우고 있는 이팝나무를 보면서 무료급식소를 연상하는 상상력이 현실의 비애조차 승화시킨다. "아홉 살 은지도 서 있는 무료급식소 긴 줄 옆"에 서 있는 이팝나무의 흰 꽃송이들이 쌀밥을 은유할 뿐만 아니라 아홉 살만큼 삶이 열린 어린아이의 순수한 이미지를 아우르고 있다. 역설적이게도 현실의 비애를 깊게 하면서도, 아홉 살 은지의 순수성을 포함한 쌀밥 꽃송이의 이팝나무가 어린아이의 비애를 순수한 절제미로 승화시키고 있다.

 그것은 이팝나무가 "하느님의 정원에서 뜸을 들였다가/마음 배도 부르라며 때맞춰 내려"오는 쌀밥 꽃송이인 까닭에 그러하다. 이팝나무는 자신이 원래 있었던 세계를 그리워하듯 하늘 향해 두 팔 벌리고 있다. 무료급식소의 밥처럼 이팝나무가 베푸는 쌀밥 꽃송이의 무료급식이 마음 배를 부르게 하는 까닭에 지상의 무료급식소와 아홉 살 은지와 무료급식소 긴 줄 옆의 이팝나무가 합일하면서 아홉 살 은지가 고픈 배와 마음을 벗어나도록 한다. 이팝나무가 비애의 지평을 승화시키고 있는 것이다.

> 아직도 트럭에는 반쯤 남은 참외 상자
> 노란 더미에 둘러싸여 여자는 자고 있다
> 등 뒤에 노란 가로등 그 위엔 또 노란 달
>
> 긴 밤이 될 것 같아 그 앞에 멈춰 서니
> 한 봉지 오천 원요, 남자가 속삭인다
> 여자가 잠 속에서 웃는다 참외 단내가 난다
>
> 어두운 책상 위에 참외를 켜둬야겠다
> 가장 밝은 언어들로 온밤 시를 쓰면
> 여전히 노란 가로등 그 위엔 또 노란 달
> ―「밤에 사는 참외」 전문

 노란 참외와 노란 가로등과 노란 달과 트럭에서 참외 파는 노란 부부와 책상 위의 노란 참외들이 어울려서 '가장 밝은 언어들로 가득한 노란 시'가 태어난다. 시인이 포착한 이런 밤 풍경이 "아직도 트럭에는 반쯤 남은 참외 상자"의 비애조차 벗어나게 한다. 팔아야 할 참외가 반쯤 남은 트럭 위에서 잠이 든 여자가 있는 밤 풍경은 쓸쓸하면서도 서글프다. "한 봉지 오천 원"이라는 남자의 속삭임에 잠 속에서조차 웃는 여자의 웃음에 참외 단내가 배어 있다는 은유도 비애의 비유다. 역설적이게도 노란 가로등, 노란 달빛과 합일한 지상의 비애가 천상에 이름으로써 내면의 비애는 더욱 깊어진다.

이렇듯 비애의 승화는 자연물과 더불어 밤에 탄생한다. 노란 가로등이 있는 밤이든 노란 달이 비추는 밤이든 몽환의 밤이 있어서 현실의 비애가 길을 잃는다. 오천 원의 속삭임에도 웃음으로 답하는 승화력은 몽환의 밤이 지닌 초월의 유인력에 기인한다. 원형의 유인력으로 작용하는 밤이 있어서 트럭에서 참외 파는 현실의 비애가 미학적으로 승화되는 것이다.

4. 고독한 실존

> 오른쪽 어깨가 자꾸 기우는 김정기 씨
> 외발 수레 밀면서 언덕을 오르다가
> 콩밭 옆 그의 묏자리에 앉아 잡초 몇을 뽑는다
>
> 기울다 그 자리 들면 안 보일 김정기 씨
> 어제는 콩밭 매다 거기 눕는 걸 보았다
>
> 토끼는 달의 뒷면에 우리 아버지도 숨겼다
> ―「달의 뒷면」 전문

달의 뒷면을 빛의 뒷면 혹은 삶의 뒷면으로 읽어보자. 달도 차면 기우는 이치처럼 삶은 죽음을 품고 산다. 이는 김정기 씨의 개인적 고독이자 인간의 보편적 고독이다. 때문에 삶의 이면은 혹은 삶은 고독하다. 시간의 존재로서 인간은 지금-여기에 고독하게 실존한다. 세월은 김정기 씨의 오른쪽 어깨를 자꾸 기울게 만들고, '김정기 씨가 콩밭 매다 콩밭 옆 그의 묏자리에 앉아 잡초 몇을 뽑다가 거기 눕는 것'을 지배한다. 김정기 씨의 고독한 실존은 현실의 비애와 인간의 보편적 고독을 은유하는 이중적 지평을 아우른다.

죽음을 사는 삶은 고독하나 역설적이게도 죽음이 있어서 인간은 시간의 지배에서 초월하기도 한다. 죽음이 있어서 고독한 실존이 비로소 온전히 초월되는 것이다. "외발 수레 밀면서 언덕을 오르"는 김정기 씨처럼, 삶은 외발로 수레를 타는 것처럼 아슬아슬하다. 죽음이 예고 없이 언제 어디서 외발 수레를 타는 인간을 끌어당길지 모르는 일인 까닭이다. 그럼에도 죽음은 실존의 고독을 심화시키면서도 초월하게도 하는 이중적 코드로 작용한다.

> 그가 사는 곳은 사막 한가운데
> 황량한 시간들이 모래로 쌓이는 땅
> 무심한 바람의 손만 온종일 오가는 땅

그의 반려자는 입이 없는 그림자
마른 몸 서로 비비며 태양을 건너지
침묵은 그 고장의 언어
가장 뜨거운 기도문

등짐 같은 수레엔 무거운 어둠만이
오늘도 한 그릇 밥은 거기 실리지 않았네
갈퀴진 등을 파먹고 또 밤을 접어야 하리

갑자기 무릎이 꺾여 모래에 묻히는 날
어쩌면 그날이 오늘일지도 모르겠네
바람은 더 분주해지고
사막은 더 깊어지니

—「낙타」 전문

 황량한 시간들이 모래로 쌓이는 사막은 무심한 바람의 손만 온종일 오가는 고독의 공간이다. 침묵은 고독한 사막의 언어이자 가장 뜨거운 기도문이다. 등짐 같은 수레에 무거운 어둠을 싣고 밤을 건너야 하는 낙타는 "갑자기 무릎이 꺾여 모래에 묻히는 날"이 오늘일지도 모르는 불안하고도 고독한 실존을 은유한다. 바람은 더 분주해지고 더 깊어지는 사막의 풍경, 곧 모래, 바람, 낙타, 침묵, 기도, 태양, 어둠 등이 혼연일체가 되어 인간의 고독한 실존태를 더욱 깊게 한다.

자연은 초월의 지평뿐만 아니라 고독한 실존 또한 내재하고 있음을 사막의 바람이 그리고 사막의 낙타가 은유하고 있다. 죽음 또한 자연의 일이듯 죽음을 건너는 시적 자아의 개인적 고독이 혹은 인간의 보편적 고독이 낙타에 이입되어 있다. 그것은 '한 그릇의 밥도 실리지 않은 등짐 같은 수레에 오직 무거운 어둠만을 싣고 황량한 사막의 밤을 걷는 낙타가 갈퀴진 등을 파먹어야 하는 것과 같은 세계 내 존재로 기투된 인간의 실존태이다.

나는 꿈을 수집하는 사자라고 해둘게

초원을 오래 걸어 당도한 원시의 사막

지금은 만돌린을 타던 집시가 잠들었군

꿈이라면 집시의 것이 가장 순결하지

세상을 떠돌다 만난 날것만 가졌으니

바람이 물 항아리를 엎기 전 재빨리 채취해야지

포효는 내 게 아니니 달은 떨지 말기를

　　몽환을 담당하는 밤의 정령에 의해

　　발톱도 거친 이빨도 진즉에 다 뭉개졌으니
　　　　　　　　　　　—「사막의 사자」 전문

　앙리 루소의 〈잠자는 집시〉는 몽환적이다. 보름달이 환히 비치는 사막에서 만돌린을 옆에 두고 잠들어 있는 집시 여인, 그 옆을 지나가는 사자, 이들 뒤로 멀리 모래 산맥이 장막을 치고 있다. 특히 황량한 사막도, 사막 위의 사자도, 사막에서 잠자는 집시 여인도, 사막의 하늘에 뜬 보름달도 밤이라서 몽환의 세계로 전환한다. "몽환을 담당하는 밤의 정령에 의해//발톱도 거친 이빨도 진즉에 다 뭉개"진 사막의 사자가 꿈을 수집하는 사자로 변환한다. 꿈의 환상 속에서 고독이 길을 잃듯 사막에서 잠자는 집시 여인의 고독도 꿈속에서 길을 잃는다.

　그런데 그것은 표면적일 뿐 궁극적으로 사막과 사자와 집시 여인과 사막의 보름달이 낳는 이미지의 이면은 역설적이게도 심화된 고독이다. 몽환의 세계가 고독을 상실하게 하는 이미지로 작용할 뿐 그 이면에서 고독은 오히려 심화된다. 몽환의 세계 속으로 고독한 실존이 순간 흡입될 뿐인 까닭인 것이다.
 그럼에도 사막이 있어서 초원이 있듯, 초원을 품은 사막처럼 삶은 죽음을 품고 윤회한다. 죽음의 코드처럼 밤이 있어서 잠이 있고 잠이 있어서 꿈을 꾸는 초월이 열린다. 죽음과 밤은 그리고 몽환의 세계는 고독한 실존을 초월하도록 작용한다. 이렇듯 강현덕의 시는 원형세계가 비애의 현실도 고독한 실존도 승화시키는 근원으로 작용하고 있어서 그 내구력이 무한하다.

시인동네 시인선 176

너는 내가 찾는 사람이 아니어서

ⓒ 강현덕

초판 1쇄 인쇄	2022년 6월 8일
초판 1쇄 발행	2022년 6월 15일
지은이	강현덕
펴낸이	김석봉
디자인	헤이존
펴낸곳	문학의전당
출판등록	제448-251002012000043호
주소	충북 단양군 적성면 도곡파랑로 178
전화	043-421-1977
전자우편	sbpoem@naver.com

ISBN 979-11-5896-423-8 03810

*이 책의 판권은 지은이와 문학의전당에 있습니다.
*양측의 서면 동의 없는 무단 전재 및 복제를 금합니다.
*잘못 만들어진 책은 바꿔드립니다.